www.nilpferd.at
www.ggverlag.at

ISBN: 978-3-7074-5258-7

Text: Antonie Schneider
Illustration und graphische Gestaltung: Jana Walczyk
Gesamtherstellung: Imprint, Ljubljana

Gesetzt in der aktuell gültigen Rechtschreibung.
Hergestellt in Europa
Papier aus verantwortungsvoll bewirtschafteten Quellen.

1. Auflage 2021

G&G
Gut für Ihr Kind
Gut für die Umwelt
Farben auf Pflanzenölbasis
Lösungsmittelfreie Klebstoffe
Gedruckt auf FSC-Papier
Hergestellt in Europa

Antonie Schneider

Jana Walczyk

Der kleine Bär und der Weihnachtsstern

Edition NILPFERD

„Schon wieder treibt sich der Fuchs herum!",
sagte die Gans zum Seidenhuhn.

Der kleine Bär öffnete die Augen.
„Was für eine seltsame Nacht!", dachte er.
„Warum schnattert die Gans?
Warum streicht der Fuchs ums Haus?"

Der kleine Bär zog die Bettdecke fester
über den Kopf. Da hörte er es an der
Haustüre klopfen.

Der kleine Bär rutschte die Treppe hinunter
und öffnete die Tür. Da stand der Fuchs.

„Ich friere. Lass mich hinein!",
befahl der Fuchs. Der kleine Bär aber
dachte nicht daran, den Fuchs ins Haus
zu lassen. Schließlich wohnten da
schon die Gans und das Seidenhuhn.
„Ich bin hungrig", sagte der Fuchs.
„Weihnachten ist für alle da."

Der kleine Bär sah in die dunkle Nacht.
Der Mond war verschwunden.
Leise bellte der Fuchs.

Ein heller Schein lag auf dem Schnee.
„Schau dir das an!", sagte der Fuchs und
zeigte zum alten Birnbaum. „Auf dem
höchsten Ast hängt ein goldener Stern!"
Da sah auch der kleine Bär den Stern
mitten in der Nacht.
„Hol ihn mir doch!", bat der Fuchs leise.

Der kleine Bär bekam plötzlich
Mitleid mit dem Fuchs.
Er wusste, dass es nicht möglich war,
den Fuchs ins Haus zu lassen.
Aber den Stern konnte er ihm holen.
„Ich versuch's", sagte der kleine Bär und
schwang sich auf den untersten Ast.
Er kletterte höher und immer höher.
Die Äste waren nass vom Schnee.
Es war kalt und der kleine Bär fror.

„Noch ein Stück!", rief der Fuchs.
„Und wenn ich runterfalle, was dann?",
flüsterte der kleine Bär.
Über ihm blitzte der Stern auf.
Zitternd vor Anstrengung streckte sich der
kleine Bär nach dem Stern und ergriff ihn.
Da brach der Ast. „Hilfe!", schrie der kleine
Bär entsetzt. „Ich falle!"

Der helle Schein des Sterns umfing den
kleinen Bären. Er spürte nicht mehr, wie er fiel.
Er hörte nicht mehr das Schnattern der Gans,
das aufgeregte Gackern des Seidenhuhns.

Er fiel mitten hinein in den Stall von
Bethlehem, zwischen Ochs und Esel,
vor das Kind.
Und es wunderte sich nicht.

Jemand zupfte ihn am Ohr.
„Hast du dir wehgetan?", fragte der Fuchs
besorgt. Der kleine Bär antwortete nicht.
„Mach doch die Augen auf!", rief der Fuchs.

Der kleine Bär schlug die Augen auf.

„Da", sagte er leise, „der goldene Stern ist für dich."

Eine große Freude überfiel den Fuchs.

Und schnell lief er mit dem Stern in den
nahen Wald.

Der kleine Bär stand auf und ging ins Haus.
Er verschloss die Tür und legte sich ins Bett.
Aus dem Wald blitzte es hell.
Und da spürte der kleine Bär wieder etwas
von jenem Glück. Wie vorhin, als er die Zacke
des Sterns ergriffen hatte und dann vor der
Krippe gestanden war. Er hörte den Fuchs
in der Ferne bellen. Anders als sonst.

„Er singt", sagte das Seidenhuhn zur Gans.
„Heute singt der Fuchs.
Was für eine seltsame Nacht."